새들 집으로 돌아가는 저물녘

새들 집으로 돌아가는 저물녘

시산맥 기획시선 161

초판 1쇄 인쇄 | 2025년 9월 25일
초판 1쇄 발행 | 2025년 9월 30일

지은이 장규환
펴낸이 문정영
펴낸곳 시산맥사
편집주간 김필영
편집위원 최연수 박민서
등록번호 제300-2013-12호
등록일자 2009년 4월 15일
주소 03131 서울특별시 종로구 율곡로 6길 36. 월드오피스텔 1102호
전화 02-764-8722, 010-8894-8722
전자우편 poemmtss@naver.com
시산맥카페 http://cafe.daum.net/poemmtss

ISBN 979-11-6243-630-1 (03810) 종이책
ISBN 979-11-6243-631-8 (05810) 전자책

값 12,000원

* 이 책은 전부 또는 일부 내용을 재사용하려면 반드시 저작권자와 시산맥사의 동의를 받아야 합니다.
* 이 책은 교보문고와 연계하여 전자북으로 발간되었습니다.
* 본문 페이지에서 한 연이 첫 번째 행에서 시작될 때에는 〈 표기를 합니다.
* 저자의 의도에 따라 작품의 보조 동사와 합성 명사는 띄어쓰기가 달라질 수 있습니다.

새들 집으로 돌아가는 저물녘

장규환 시집

| 시인의 말 |

내 발자국 방향 바라볼 한 사람을 위하여

내 삶의 저물녘을 바라보면서
신호등처럼 나를 비춰보고 추억하고,
사는 방식을 돌아보고, 기도하면서,
나머지 시간 낭비 막고 싶다.

기도하는 자신을 고백한다.

두 번째 시집을 발간한다.
발자국 방향을 궁금해하는 한 사람 기대하면서.

사랑하는 가족들과 응원해준 친구들 감사하며
저물녘 걷는 사람들 손에
드리려 한다.

2025년 8월, 장규환

■ 차례

1부 추억

쌘비구름	19
잊었던 약속	20
가을걷이 소묘	22
고향 서덜탕	24
보릿고개 애환	26
귀향 에피소드	28
짝사랑	30
칠순 카톡방	32
할배의 소원	34
소낙눈 오는 밤	36
노모의 말	38
4월의 뮤지컬	40
봄의 길목	42

2부 신호등 사거리

손자	47
5월 8일	48
최고 생일 콘서트	50
내리사랑 무게	52
금장도	54
가끔	55
판소리	56
최고의 복	58
십순 엄마 이별	60
여우비	62
암 선고	64
노부부	66

3부 낭비할 시간 없다

9회 말	71
특허	72
편지	74
거사	76
남기고 싶은 글	78
3월 낚시질	80
한 마디	81
풍장	82
한 가지 소망	84
노을	86
새벽 기도	88
연꽃	89

4부   누군가 사는 방법

반려자 기도	93
어떤 성주	94
채석강 김 씨	96
사그릇	98
교통사고	100
사기詐欺	102
야바위	104
품앗이	106
설명할 수 없는	108
소크라테스	110
끝날 세상 낌새	112
내 몫	114

5부 썰물 기도

봄맞이	119
감사 도미노	120
숲속 합창 무대	122
한 표	124
절대자	126
신앙인 적금	128
갈 편지	130
무한의 경고	132
마무리	134
길동무	136
태풍	137

- 해설 _ 생명의 조화와 꽃술 깊은 사랑에 대하여
  권성훈(문학평론가, 경기대 교수)_ 139

1부

추억

쌘비구름*

배식구마다 적운 솟아오르는 정오
식사 자리 점령하려는 용사들 전의 돋우는
젓가락 춤사위 무르익는 가운데 원탁에서
세 바퀴 회전하고 점프한 초년병 아가씨 빈 그릇이
바닥 입수할 때 튀는 번개가
용사들 공격 멈추게 하니

"애, 떨어지는 줄!" 천둥소리 지나가고
ㅋ, ㅋ, ㅋ, ㅎ! ㅎ! 쏟아지는 소나기

얼굴 벌겋게 낙뢰 맞은
아가씨, 급하게 전우들에 둘러싸여 후송되니
맞은편 식탁에서 소곤소곤
무지개 솟아오르는

* 쌘비구름 : 적운보다 낮게 뜨는 수직운. 위는 산 모양으로 솟고 아래는 비를 머금는다. 물방울과 빙정(氷晶)을 포함하고 있어 우박, 소나기, 천둥 따위를 동반하는 경우가 많다. 기호는 Cb.

잊었던 약속

꿩! 꿩! 장끼
지원사격 받으며

가을 햇살도 범하질 못하게
산기슭 내려 닥치는 산그늘

한창 무도회 틈새 이파리들이
빨강, 노랑, 주황 둥글 동글 적어 내리는
상형문자

섬뜩 되살아나는
오랜 기억 하나
읽히어 내니

유년의 약속- 엄마 비행기 태워주기
지켰니? 이다

엄마,
천국 가버렸는데…
어떻게 해

〈
핑계만 하지 않으면
보이지!
지킬 길

가을걷이 소묘

줄기, 잎사귀가 바람 마시고 햇살 소화 시킨 열매는 가마니에
소화불량 쭉정이는 헛간에 채우는 마당질
자랑거리만 입안 소복이 챙기고서
할매는 저녁마실 가고

할배는 마실 온 산과 부슬비 동무하여
삽짝 밖 밭에서 짚북데기 화장한다

꼬리까지 휘날리면서도 부슬비 뛰어들지 못하는
안방 세살문 창호지에다 엄마는
다듬이 춤사위 실루엣 재어 놓고

사랑채에는 졸음 품에 폭삭 고꾸라진 장손
가을 타는 소리가 귓불 잡아당길 적마다
달! 달! 무슨 다아알… 쟁반같이 두웅그으으… ㄴ,
호롱불에 반복한다

댓돌 아래는 복실이 꼬리에 잘린
빗방울들이 서로 어깨동무하려고

먼지 범벅으로도 데굴거린다

할배 머릿수건 벗어들고서
저고리, 바지에 붙은 짚북데기 회초리질로 털어내고
짚신 벗어서 마루 밑으로 밀어 넣고 사랑방 마루 올라서서
윗도리 벗어 가운데 기둥 못에 걸고서

두 손바닥 삭삭 비벼서 가을 부스러기마저 털고는
마루 위 쟁여있는 벼 가마니 뚝 뚝 치면서
고맙데이!, 고맙데이!

남포등 끄고 사랑방
들어선다
방 안 가득한 벼 가마니에게
저놈 학교 보낼 수 있겠재에
혼잣말

고향 서덜탕

　경부고속도로, KTX로, 지방 국도 확장과 새마을 공장, 산업체 사업장으로
　산마루, 구렁이 길, 산기슭, 밭뙈기 속살 다 발라진
　덩그렁 한 고향 서덜

　등뼈는 구름안개 건너뛰며 놀던 앞뒤 갓머리 산
　옆구리 뼈는 마을로 달려오는 골짜기 산등선
　배지느러미는 마을 서쪽, 동쪽 느티나무, 밤나무, 감나무
　개울 좌우 슬레이트집, 감나무밭 기와집이 꼬리지느러미,
　머리와 아가미는 위 뜸에서 새벽을 퍼덕이며 뼈금거린 교회 종탑,
　보릿고개 역사와 전설은 탱글탱글한 알알이

　보릿고개 에피소드와 회관 노인네들 덕담 웃음으로 무쳐 전 부친다
　천하 대장군 여장군, 동구 밖 솟대, 벗들 꿈과 추억은 납작납작 자르고
　토담 호박꽃 속에서 샤워하던 햇볕, 초가 박꽃 목욕시키던 달볕은 굵게 채 썰고
　들녘 워낭 연주, 밤중 동쪽 끝 여우 피리 소리, 당제 나무

아침 까치노래 양념장
　서덜 속에 넣고 얼큰하게 버무린다
　고명은 5월 향기와 할배 할매들 소꿉놀이 부부 비밀, 고샅 말뚝박기, 비석 치기
　모양대로 듬뿍 소반에 담아둔다

한소끔 끓인다, 뒤젓고서 한 사발 퍼담고 고명을 올리니
막걸리, 소주 한 순배 돌아간다
노인회장, 부녀회장 노래 한 판으로
동네 노래꾼들 춤과 노래 간을 더하니
맛이 눈언저리와 볼 위로 불그스름 우러난다
보글보글

마침내, 자네, 한 잔 받아라!
아재도 제 잔 받으이소
할배, 잔 올립니데이

육자배기와 아이돌 노래가 어울리고
얼씨구 절씨구 춤사위와 아이돌 안무가 하나 되는
할배와 손자 연합공연 한 마당

보릿고개 애환

소작 다랑논 모내기하면서도 참 먹을 때면, 먼저
술 한 잔, 밥 한 숟가락, 무논에 뿌리고 고수레*! 하고
지나가는 사람들 붙잡아서 막걸리 한 잔 권한다

가을걷이 논 구석에는 벼 네댓 포기 남겨두고

앞마당 감 다 따서 팔 때도
높은 가지에다 홍시 한둘 남겨두니
까치, 참새 먹고 축원 한 가락씩 하늘에 올리게

자녀를 위한 사무친 나눔이다
보릿고개 대물림 끊기 위한 기도 중 기도
주면 배로 되돌려 받으리라는

자식 놈들은 청승이라 한다
오늘날 잘 먹고, 좋은 집에서 사는 것은
저들 복 때문이라 하니

올챙이 배와 먹빛 드리운 부은 얼굴
저들 살리려고 보리쌀 한 자루 도둑질한 부잣집 뒤뜰에

펑퍼짐하게 똥 눈 마음의 깃발
어찌 이해하랴

* 행운, 풍년을 기원하여 음식을 논밭에 던지는 민간신앙.

귀향 에피소드

시루떡, 호박범벅이, 삶은 고구마 담은 싸리 바구니
토담 너머 주고받는 흰 수건 꾀죄죄한 고깔에
숨바꼭질하는 고추잠자리

안마당 바지랑대 빨랫줄 위에서
바우덕이 춤사위 하니 툇마루 뻐꾸기는 째깍, 째깍,
앞산에서는 뻐꾹, 뻐꾹,

책갈피 꺼내 하나하나
커피전문점 커피 맛 음미하듯
자야, 선아, 순아야, 관아, 문아,
소꿉친구 어디서 건강히 살고 있는지 물어본다
마을회관 툇마루에서

마침내, "호야, 아이가!"
작은엄마 또래 동네 고모 허연 잇몸 달려오더니

내 머리카락 쳐다보고는
"그새, 우리 사이 니에게만 나달이 흘러뿟나?"
〈

잡고 흔들던 주름 덩이 손 멈추고
"인자, 말을 올려야 되능교오"

"고모, 와, 이라능교오, 업어주던 그때는 우짤라 까는데요"

짝사랑

혼자서만 맘속 쟁여온 사랑
초병의 먼 길 떠나는 그대
기다리마!, 동아줄로
묶어둘 마지막 기회

아로마 향 가면하고 그대 뒷담에서
조약돌 댓 개 쥐고서 감나무 가지 틈새
봉창 호롱불 켜질 낌새 살피는데
사사롭게 다가오는 낯선 발걸음 소리에
화들짝 삼십육계하고

뒤돌아온 불 커진 봉창에 밤늦도록
나타나지 않은 그 사람의 실루엣,
40여 년 맘속 쟁여진 '기다리마' 미라

베란다 창으로 다가오는 함박눈이
미라 정수리 밑동까지 씻겨 내리니
살며시 눈 뜨려는데

엄마아~! 뭐 해

깜짝 놀란 어색한 미소

미라 되지 않았다면
넌 없을 뻔했구나!

무슨 말이야
아무것도 아니야

올 올 풀리는
아쉬움과 다행의
씨실 날실

칠순 카톡방

70여 년 전에 초교 졸업 빗방울 쏟아져
이 골 저 등선으로 굴러서 몽돌 된 얼굴
낯설어 이름 불러도 아물거려
니 어느 마을에 살았노?
연결 고리 만들고서

검정 고무신, 같은 교실, 운동장, 화장실,
6년 흑백사진 뒤에 감춰진 우스개, 섭섭이, 고마움
봉숭아 열매같이 터뜨리고, 인사도 하고, 화해도 하고
책 보따리 필통 딸깍거려보니

까마득한 세월 이랑마다
그리움 윤슬 반짝반짝

니, 예뻤데이
니, 좋아했데이

와, 요래 늙었뿟노오
그 친구는 와 죽었노오
〈

흘러내린 골짝과 등선 얘기 꺼낸다
중간에 끼어들기도 하면서
고생 자랑

가시나가!
종내기가!

만날 수 있을까?
헤어지기 싫어서
언제 날 잡아서 함 보자

만나지 못하면
카톡방에서라도 자주 만나서
영원한 이별
배웅 연습하자꾸나

하나님 앞에서는 꼭 만나재이, 우리

할배의 소원

신기한 풍경 해설자 입술에 홀려서
산마루 빗물처럼 흐른다, 할배

마침, 군중 속 청일점 발견하고서
주머니 뒤지지만, 흔적도 없는 핸드폰

손짓, 발짓 눈물 짓으로 겨우 폰 빌렸는데
생각나는 번호는 단축 번호뿐인
하얀 머릿속 두려움

하염없이 울어대니
여보! 여보! 마구 흔들어서
화등잔 깨어난다

불 켜고서 핸드폰 단축 번호 눌러서
노트에 적는다, 외운다
아파트 출입문, 현관 출입 카드 번호도

아내 번호 거듭 눌러도
응답이 영영 없다면?

〈
너무 버거운
아내 빈자리
무게

아내 앞서서
한 시간만 빨리
날 부르소서!

소낙눈 오는 밤

우두커니 서 있는 겨울 산
소낙눈이 나무 윗길 지운다
수리 올빼미 독수리 꼼짝 못 하게

아랫길은 흔적까지도 찾을 수 없도록
발자국 냄새까지 덮어버린다
멧돼지도 꼼짝 못 하게

눈 덮어쓴 땅거미 안과 한데 사이로
쌍라이트 두리번거리고 산을 지나가니
마을로 피신 온 적막

도마 노랫가락 삼키더니
방 안 엿보는 독살 시선이 되어
천장 한기 돋운다

푸우, 푸우 내뱉는
승모 협착증 부정맥 아내
숨소리
〈

산길 그믐밤 혼자 넘을 때 멀리
개 짖는 소리처럼

꼬맹이 한밤중 뒷간에서
엄마, 거기 있어!
그래! 같이

다정한
물수제비 뜬다

노모의 말

치 반 크기 대여섯 장 잎사귀 살림으로
아들 삼 형제 이슬 모으고 쪼가리 햇살 먹여 길러낸 민들레
출가 준비 마친 4월 초순
보드 블록 틈새에서

삼짇날 맞춰 제비 태워 오는 바람 기다리니
퇴각 놓친 북서풍 잔당의 끈질긴 방해로
며칠 지연되어 도착하자마자
서둘러 태워 보낸 배웅

안타까움으로 신접살림 집이
양지편 비옥한 농약 오염 없는 곳이길
온몸 흔들며 기도한다

직장 따라서 고향 떠나 서울 올 적에
기도하면서 흐르는 것 같기도, 글썽임 같기만 했던
청상과부 엄마 눈물

칠 학년이 되어서
선교하러 인도로 떠나고, 잉태되지 않은, 짝 찾지 못한

새끼들
 낮과 밤이 눈물 속에 얼마나 녹아야!
 순도 눈물 한 방울로 흐르는지 어림

 할배 돼봐,
 그만큼만 알게 된데이

4월의 뮤지컬

봄비가 산마루 분단장시키고
옹달샘 잠긴 꼭지 여니
폭포가 새 노랫가락 리듬으로 목청 가다듬는다

숲 높은 가지 위 봄바람의 ㅏㅣㅜㅔㅗ 추임새로
노고지리 높은 하늘에서 창과 너름새 하니
까치, 동박새, 찌르레기는 바우덕이 시늉하고

풀뿌리 키우는 자장가, 돌멩이 굴리는 가곡 합창하는 골짝 물
 참나무 숲 쇠딱따구리의 난타 연주, 산기슭 고라니와 토끼 발레,
 숲속 오솔길 만 보 걷는 할배 휘파람 베이스
 청설모 공중제비

호수에서는 청둥오리 삼삼오오
숲속에는 까치 서넛
프러포즈

장끼 아리아 "어찌, 이리 아름다운지요*! 꿩, 꿩,"

〈
천국 모퉁이

* 시편 8장에서 차용.

봄의 길목

가지와 잎사귀는 바람의 귀 잡고서
온 힘으로 숭어리 휘청거린다
더 맑은 공기 차지하고
고운 햇살 놓치지 않으려고

더
튼튼하고 멋진 꽃숭어리 지키고 싶어서,

꽃봉오리는
바람보다 빠른 향기로

벌새, 꿀벌, 나비
초청한다

한번 꽃술 깊은
사랑해 보고 싶어서,

꽃술은 입술 예쁘게 내밀어서
나비, 벌, 벌새가 훔치게 하고서는
애기 집 출렁거린다

〈
저 닮은
숲, 꽃밭
남기고 싶어서

나머지 삶 발자국
저답게

2부

신호등 사거리

손자

눈만 마주쳐도
제 손가락 깨물어도
넘어져도, 걸어가도
울어도 웃어도

전화기로 옹알이만 들어도
싫증 나지 않는

좀비 놀이, 숨바꼭질,
한나절 함께 숨고 뛰어도
도무지 피곤하지 않은
할아버지 허브$_{herb}$ 향

그런 꽃이었지
너처럼, 할배도

5월 8일

사거리 네 방향 경주자들에게 떠밀리지 않으려고
차선, 신호등 지키는데

조심해래이, 건널목
노모 목소리

쭈그렁 손으로
빨강 신호등 가리고
파란 깃발 들어 올려서

감사합니다! 할 새
뒤에서 빵, 빵, 헤드라이트
번쩍거려서

분노 울퉁불퉁한 얼굴로
창 내리고 손가락 총질해대며 따발총 쏘아대고
핵 투하 스위치 누르려는데

신호 안 지키고 뭐 하노!
노란 깃발 흔드는 손톱 밑이 까만 손

〈
저녁 전화하니 100대 노모
저녁 진지도 거르고 기다린다네
지난밤 꿈이 하도 사나워서

최고 생일 콘서트

연지곤지 찍은 목련, 벚꽃, 개나리, 진달래 들러리 세우고
박우물 가에서 박새, 상모솔새 번갈아 가며 프러포즈하고

종다리는 아지랑이 열기구
특별 무대 설치하는

삼짇날 하루
전날

카톡!, 카톡!, 노크 소리에
컴퓨터 열어젖히니

까마득한 인도에서
선교사 아들 며느리 손자 둘
노래와 박수한다- 생일 축하합니다!

"하나님, 할아버지 우리 집에 나게 해줘서 감사합니다!"
무릎 꿇은 4살 손자의 기도

와아~ 박수, 생일 축하합니다~~

사랑합니다!, 아내와 딸 둘이 내미는 봉투
첫 시집 출판비

내리사랑 무게

추석 내내 푸성귀 선물 챙기느라, 노모가
얻은 몸살 염려로 귀경하여 전화 문안드리니
많이 나았데이 한다

이웃 도우미 아지매에게 확인하니
일어나지도 못해 제비 새끼처럼 받아먹는데,
화장실 갈 수 없어 사용한 요강
아지매 손 빌려서 씻기가 미안해서
식사 건너뛴다네

다시 전화하니 태연하게
안동댁이 죽 끓여 와서
많이 묵었데이, 괘않다 한다

쓰러진 고목 느티나무 가지 끝까지 잎사귀 피워내고 열매 맺게 하면서
  옆구리에는 개미, 버섯, 굼벵이에게 공짜로 집터 내주는 침묵

왜, 그래요 여쭈니

이대로 죽어도 아쉬운 것 하나도 없데이

니들 힘들게 하고 싶지 않다
어제 니들도 다 보았잖니

저울 눈금은 제로이지만
시소 사랑 기울기는 내 맘을 괴고
날 지렛대로 사용해도 어림없으니

금장도

제주도 고모부 조문 다녀오겠습니다 엄마,
이틀 동안은 전화 못 드립니데이

다음날 누나에게서
엄마가 전화 오지 않는다며
안절부절못한다 하여

공중전화하니
비행기 떨어지면 어떻게 하노
밥이 안 넘어간데이

홀어미 70년 품은
번쩍거리는
푸른 날

가끔

추억 때문에 웃음 해도 되겠지
널 부르면서

약속 더듬으며
함께 가 보자

하현달 꿈 키워도 좋겠지
낮달 밤을 기리듯이

지나온 약도 그려두자
나를 칭찬하면서
어설픈 흉도 보며

늦가을날 애호박
열매 맺게 하다가
마무리 하루 이틀 하지 않게

판소리
-엄마 타령

바람이 유리창 두드리는 정박자
스테인리스 요강 뚜껑 두들기는 엇박자
겨울밤 새벽 2시 엄마 심술 타령

꼬끼오, 아침이데이!
배고푸다

반 옥타브 올리고서
엄마, 몬 자면 내일 돈 찍으러 몬 갑니데이
맏이 추임새 하면

오냐, 오냐
돈 몬 찍으면 안 돼제에
하늘같이 키았는데에

2남 1녀 새끼 따뜻하게 잠재우려고
큰 재 넘어 참숯 여 나른
겨울 농한기 알바 창

너거, 굶겨 죽이지 않을라고

너거, 굶겨 죽이지 않을라고

고갯마루 옹달샘 물에 녹여서 먹던 점심
보리밥 한 덩어리, 김치 서너 조각 얼룩 냄새
청상과부 겨울 옹달샘 잡가

너거는
모릴 끼데이
모릴 끼데이

새벽 4시 반이 넘으면
반복되는 심술 타령

배고푸다, 꼬끼오!
아침이데이!

최고의 복

눈 덮인 해돋이
주문진에서 설악동까지
승합차로 동료들과 웃으며 맞이해 보면

"가족이 최고데이" 10순 엄마 말이
새벽 종소리 여운으로
눈물 마음 품으며 오고

천근만근 하루 무게를
수고하셨어요, 한마디 미소로
새털처럼 가볍게 한 아내
새벽 노곤한 몸 번쩍 세우는
올망졸망 새근거린 꼬맹이들

해돋이 시선마다 거미줄 아침 햇살 이슬 대롱거려서
함께, 와야지이

반백 년 남편 분分 침으로
얼굴과 맘까지 닮아버린 자기가 먼저 떠나서
시時 침이 자녀들에게 짐짝 대우받게 할 수는 없다며

밤새 몸 아파도 새벽이면 일어나
밥 챙겨주고 다시 누우며 남편의 지팡이 되겠다고
하나님께 기도하는 아내

십순 엄마 이별

별똥별 쌍두마차 타고 내려와서
마당귀 울타리 켜켜이 둘러서서
겨울 마당 안 지키는 은빛 천사들

헛기침이나 발 구름이어도 흩어질까 봐
마당귀 모퉁이 추녀 밑에서 졸음 든 엄마

거기 있어? 엄마!
뒷간에서 고요 우듬지
옴폭 파 재낀

청상의 희망이 되던 유년의 방언들
끄집어서 내놓으면서
니, 안 낳았으면 우째겠노오

듬뿍 환하고 순한 미소로
7학년 5반 아들 얼굴 쓰다듬고
이튿날 여덟 시까지 주무시고는
깨지도 않고
〈

낮빛보다 더 밝은 천국
거기서, 거기에서 만나자, 찬송 들으며
그냥 떠나신다
천년의 미소 얼굴

여우비

멧부리에서 골짜기 따라서
눈 감아도 훤한 들녘 내닫는 길
낱낱이 들르고

지붕과 골목 한 바퀴씩 더 둘러보고서
창문 톡톡 하는 말
알아들을 수 없어서

우산 받쳐 들고 나서서 함께
장승 옆구리 지나고, 상엿집 지나서
골풀 둑 이르니

바람과 함께 눕고 일어서고, 일어서고 눕는
골풀 꾸불거리는 대필

3월에 떠난 엄마의 전갈이다
니 친구, 이 목사님 덕 많이 본데이
안부 전하라 카네
니 아우도
〈

애미야, 내 딸은 나쁜 년 짓 다 안데이
애먼 소리 미안해
하나님께 말씀 잘 드렸데이

들녘 끄트머리에서
솟아오른 무지개

암 선고

어둑한 데서 가을비
은행나무와 바람과 장난질 한창인데
갑자기 가로등이 불 켄다
가로수 모퉁이 숨어드는 옆모습이
하늘나라 이민 간 누나 닮아서
무작정 달려가니
가로등 밑동 그림자 속 뛰어든
어둑한 막 출렁임에 퉁겨진 은행잎이
발자국 앞에 내려놓는 서늘한 침묵
가을 비틀어대는 시간 속으로
헤드라이트 번쩍 달려든다

전립선암 절제 수술시키고는
날 데리고 갈 나룻배 차례가
네다섯 스무네다섯 째라 한다

기다림의 효율
어떻게 높일까?

리모컨과 유튜브에

자투리 시간 빼앗기지 않고
바쁜 것 때문에 날 잃어버리지 않아야지

사소한 저녁과 아침 감사하고
모퉁이 가로등 닮는

노부부

이슬 마르기 전 주말농장 푸성귀 여덟아홉 종류
고무줄놀이하듯 심고 돌아와 잠든 아내
급한 잠꼬대 흔들어 깨우니

화들짝 일어나 앉으면서
그렇게 도둑 쫓듯 운전해, 왜!
차선 바꾸는 신호등 켜지 않고

빨랫감 줘요!
내일 비 온다니까

점심 먹으면서는
나, 없어도 옷 자주 갈아입어야 해요
노인 냄새 싫어해
세상 애들

그러니까, 아이들에게 맡기고
먼저 가지 마아

내 맘대로

돼요?

함께, 기도해~

완전
이기주의자

3부

낭비할 시간 없다

9회 말

마지막 회가 겨울이라도
봄으로 미루거나 포기하지 않고
10년 전 4층 병원 옆 간이 슬레이트 철물점의
끝내기안타, 눈부신 통유리 13층 건물

흉내 내지도 않고 들뜨지 않고
분명한 내 발자국만으로도
쓰러짐과 일어섬의 기미 볼 수 있도록
나다운 흔적으로

잘못 걸음 시간 더 낭비하지 않도록
기도의 응답 집중하고서 먹물 흠뻑
무등산 족제비 털 세필 붓 먹인

헛스윙, 병살타 조심조심,
하얀 종이에 긋는 한 획
환換체體

특허

호랑이 사슴 접근하는 걸음으로
화장실 찾아 변기에 앉아서
아슬아슬한 긴장 다 잊고 세상 평안한
큰 숨 내쉬는 눈앞에

· 변기에 담배, 생리대, 물티슈 넣지 마세요! 제발,
· 시원하게 보시고 나가실 때도 시원하게!
· 감사합니다!
속삭인다, 메모지

길거리 돈 주운 손처럼 뚜껑 닫고
물 내리고 손 씻으니
수건걸이에는 뽀얀 수건이 반듯하다

주운 돈 다시 꺼내보듯
문 열기 전 다시 돌아보아도
통통한 화장지, 광나는 바닥

그냥, 문 잠가버리면 될 것을
왜, 메모지 고개 숙여 사정할까?

〈
자신의 몫에 포함된 타인의 것
주인이 찾아가라는 것이지

"국민의 공복!" 국회의원님은 실용특허로
국민 예산 증액 영으로 하고서도
자신들 세비만은 올리는데

편지
-3월

앙상한 가지도 벌거벗긴 겨울
돌아가기는 억울해하지만
가지 않을 수가 없지
봄이 오니

우리도 마찬가지지만
봄 맞을 수 있으니 얼마나 신나는가!

고드름 마음 봄살에 녹이고
3월 학교 입학하는 교복 입어도 보고
모자는 삐딱하게 써도 좋고

친구야, 그때 니 와 그랬노
글쎄, 미안하이
추억 따먹기도 하고

내 니 좋아했데이
어린 날 내외
서로 우스개도 하며
〈

봄, 시절 끝고서 돌아가기 전
한 송이 맘 꽃향기 피워올려야지

너 부족한 건 내 것 채워주면서
카톡 만남 매일 하면서 만나지 못할 이별도
서로 배웅하면서

아직은 살 만하재에

거사

서산마루 저녁답 가을볕 쪼가리들 물고
숲속 집으로 새들 돌아오는데
의자 위 가을 그늘 털고 할배 할매 일어서더니
반나절 부스러기 가득 채운 검은 비닐봉지
닭 쫓던 개의 딴청으로 의자 밑으로 슬그머니 넣으니
마침 회오리바람이 덮쳐서 공중 폭파한
검은 비닐, 과자, 쓰레기 파편이 맘대로 쏟아지니
비둘기, 까치, 찌르레기 참새 모여든다

공원 뜀박질 아이들 그냥 할배 할매 시늉한다면
도시와 나라, 그리고 세계까지 초봄 산불처럼 휩쓸
쓰레기 전쟁

원고?
피고?

무심히 저지른 죄
그냥 따라서 한 죄
낮 새와 밤 쥐로 양분되지만
〈

중죄는 누구냐?
편 나누는 정치꾼이여,
백성들만 반으로 나누니
나라는 어디냐?

남기고 싶은 글

가을 하늘 채색옷 갈아입은 단풍잎이
가지 진심의 부탁 다른 귀로 흘리고
춤사위, 자신의 뒤태에 반해서
한껏 들떠서 바람의 목말 타고서
둥글둥글 여행 출발한다

나무 무릎 아래 모여 앉아서
가지들 부탁에 진지한 친구들 향하여
빈정거린다 기껏해야 두엄이나 될 것들이,

굴렁쇠 바퀴 타고서 운동장 맘껏 달리고,
신작로 모서리 돌아서는데
갈바람이 굴렁대 비틀어서 배수로 진펄에 처박힌다
해안선 넘은 태풍 파도같이

펄 튀김 된 몰골로
삽날에 매달려서 구조되어
도로 모서리에 널브러니

햇살에 몸이 점점 굳어지고

바람이 가까이 올 적마다 돌돌 감기는
무너지는 자세 바라보며

가지들 안타까운 당부의 말과
친구들 마무리 삶의 진지한 대화가
마음과 머릿속 스스로 한 바퀴 되니
무릎 꿇는 두 눈물 줄기
주는 게 남는 것!

3월 낚시질

샛바람으로 고요 이랑 지우는 가랑잎 집
속 애벌레가 지난가을 잠자리 들면서
'동풍 맞은 익모초 되지 않으리라*' 다짐
되새기면서

7학년 7반이
글 꽃술 찌 단단히 세우고

겨울나무 사이 봄 길목 깊숙이
낚시 내리니

봄바람에 글 가루 먼저 낚아서
모두에게 흐뭇한 꽃, 바램의 향기
일품 글 점지받으려고

* 속담 : 줏대 없이 남의 의견 따라 움직인다는 의미.

# 한 마디

할매, 시늉 말고 너답게 살아라

니는 여기 와서 부자 되거래이, 엄마

선생님, 일할 때 일하고 놀 때 놀자

서로 사랑하라, 예수님

혼잣말, 맞물린 톱니바퀴 세상
윤활유이자

풍장

야외 공연장 벽 모서리 콘크리트 바닥에
맥주 빈 캔 빗돌 세우고
신문지 한 장 명정 삼은 한뎃장葬
60대 아재

먼저 간 아내를 위한
속죄인가
조기 퇴직당한 외로움 형刑 집행인가

하나님이 두 문 한꺼번에 닫지는 않는 열린 문
 찾아보지도 않고, 갓밝이가 눈치채지 못하게 새우 등 가면하고서
 스컹크 향 처리된 극단의 선택
 의식불명인 척

어제는 구겨 넣고서
오늘을 절여서 속으로 쟁이고
숨소리만 남긴 가묘假墓

삼미그룹 퇴직한 고 서 부회장님은

회갑 넘어서도 롯데호텔 식당 웨이터로
"내 인생은 낭비할 시간이 없다."
새로운 탑 쌓았는데

한 가지 소망

예수님이 날 찾아와서 하늘나라 티켓 주고서
독고 인, 고아와 과부, 낮은 자에게 작은 촛불이어라!
반백 년 훌쩍하는 장로

교회 학교 기관장 이력으로 행사 조언 요청에는
누가 봐주는 사람 없나 좌우 힐끗거리며
항아리 물 혼자서 핥는 고양이 거들먹거림의 가면

예수님 이름으로 낱낱이 벗기며
회개하게 하고서

'생파: 생일파티, 생선: 생일선물, 틀딱: 틀니 딱딱거리는
노인네,'- 청소년 '핸드폰 속 바깥세상"
 소통하면서

눈높이 맞추고 함께 웃으며
걷는 걸음 방향은 분명하게
하루씩 나아가다가

천국 돌아갈 때는 고故 우월 김활란 박사처럼

'하늘 문이 열리고, 황금 길이 보이는구나, 개선행진곡 울려다오.'

정답게 손 흔들어 주고
천사들 마중 맞으며

*『바깥은 여름』 김애란 단편소설집에서 여섯째 '가리는 손'에서.

노을

불길 솟는다
갈대 낱낱 틈새로

불의 칼귀는
물소리, 바람 소리까지
핥고

계곡물 따라 태워 산등선 위로
구름까지 태우면서도
내음 없어서

집으로 돌아서는데
손짓하는 소리

웅덩이에서는 서둘러 흘러라
물고기 장난질, 별들 숨바꼭질에
한눈팔지 말고

여울목에서만은 찬양 한 판 꼭 하고
한눈팔지 말고 바다에서는 고깃배 노 젓기와

수평선과 해안선 사랑 돕다가
만햇살 가마 이르면 그냥 타고서
속히 오라네, 그 나라

골고다 약속

새벽 기도

어제가 실타래로 엉킨 오늘이
내일 꼼짝달싹 못 하게 하여

쓰다듬지 못한 마음이
분노 욕설 그대로 쏟아부으며
하늘 맞대 드는 삿대질

마음보 걸음 시작과 끝
낱낱 생각과 행동 안과 바깥, 몽땅
새벽 종소리 빗살에 헹궈서
한 키 낮춰서 무릎 꿇는

연꽃

실바람 오롯한 햇살이
빨간 맵시, 붉은 맘씨, 빨강 볏
백 리, 천 리 흥건히 채워 묶은
꽃술 향기 댕기 풀어서
살포시 출렁거려
한소끔 한소끔
하늘이랑 일으키니
모여드는 나비와 벌

고운 맘씨 맏이야,
시집가야 한다
혼자는 외로워,
하나님께 올리는
기도 이랑
찬양이랑

4부

누군가 사는 방법

반려자 기도

새벽잠 할멈 흔들어서
이거, 무슨 냄새?

눈 비비며 일어나서
방귀 안 뀌었는데

가을걷이비 맞은
내 맘 단풍이 당신 머금고
가을 시루에 뜸 들여서 풍기는 내음

실없기는!
옆구리 꾹 찌르는
한 자락 미소

소홀하지 않고
서로 포개어서
하루

새벽 시작하여 잠자리까지
사사롭게 하소서
한결같이

어떤 성주

땅거미 공격 정보 입수한 공원 벤치 성城주
잭크Jack 성문 굳게 닫고 한 켤레 신발 보초 세운다

어둠 밀물 은폐한 공격이다
자동차 서치라이트 치켜세운
엄호받으면서

인해전술로 성을 뒤덮은 전사들
갓밝이 썰물 작전에 서쪽으로 퇴각한다
성벽에 군사들 시신 허옇게 버려둔 채

사거리 호루라기 승리 함성에 성주는 성문 열고
보초 동행하여 한결같이 하품하며 성 나선다

담배 잉걸불 하나, 회초리 하나로
성벽 허연 시신 장례 치르고

앉아서 "아침 태양" 아버지
성 밖 맛집 며느리들
동쪽 돔에서 쏟아지는 볕살로

하루를 응원하고

* 1952년 미국 에드워드 호퍼의 그림.

채석강 김 씨

'나다우리라' 3차원 모델 꿈으로
암벽 가출한 돌덩이
비바람 심한 날 암반 계곡 몹시 달리며
체지방 없애기 위해서, 클리빙Cleaving, 쏘잉Sawing 고통 견디며
물속 차돌 바닥으로 수천 년 뒹굴 인 브루팅Bruting으로
강어귀에 이르러서 강바닥으로 블록킹Blocking 한
17, 18 패싯Facet 몸매
바다 강력한 밀물 썰물로
해변 몽돌 위에서 왕복 폴리싱Polishing 반복하고
브릴리언티어Brillianteer 파도의 끈질긴 마무리 참아낸
최고의 4C 다이아몬드형 하늘빛 모래, 꿈이 성취되어서
트럭까지 보내져 레미콘공장으로 초대받는다
펌프 카 협회 김 씨 계약으로 시멘트 소개받고 물 재회한다
거푸집 중인 세우고 시멘트와 물과 융합으로
화려한 변신, 하늘 나는 길, 바닷속 터널 되니
수만 년 다듬어진 수련의 인내, 고통의 보상,
축하, 환호, 영광, 몽땅 가로채는 김 씨
인터뷰 자청하고 꽃다발까지 번쩍 쳐들고
당당하게 자기 것으로

〈
어떻게
진실을 알릴까
돌덩이 꿈의 길

사그릇

며느리 큰 절을 채우고
손자 재롱 눌러서 담고서는
삼킨 눈물 쟁이고

아들 지게에 업혀져 올라온 산속 토굴에서
머물 양식과 체온만 덜고 아들 등에 다 돌려주고
남겨둔 것으로는 아들과 손자를 위한 기도 뜨개질하다가
바스러져 빼곡히 채워진 채

봇도랑 부역하는 삽에 안겨서
세상 나온 꾀죄죄한 몰골
말끔 씻고서

제주공항 한 달여 배회하여 인터뷰 당하니
자녀 이름, 주소, 본인 이름까지도 기억상실인 척하는
할머니의 가시고기 시간을
치매, 요양 등급 타령하는 자녀들

박물관 진열대에
입 꾹 다물고 앉아서

고발한다, 고려장

플래카드 흔들며
어버이날 행사하는
학생, 청년, 신사, 숙녀들 향해서

교통사고

목줄에 끌려가는 개 영역 표시하듯
휴지통 앞에 우뚝 멈춰 선다, 아재
끙끙대며 집어낸 꽁초 하나
세상 다 얻은 얼굴로 햇살 나른한 뒷계단 걸터앉아
꽁초 불잉걸로 구름 흰장미 송이 피워올린다

파랑새 둥지 5월 아침 함께 연
여인 귓불에 입술 하트 해주고 대문 나서는
기억처럼 두 볼 붉적거리며 흐뭇해진다

뒷마당 아이들이 돌팔매질한다
아빠 시늉하는 원숭이라며

마침, 덜컹 계단 문 열어젖히며
바람이 달려온다
아이들이 줄행랑치니

바람은
뒷마당 현수막- 어른을 공경하자
마구잡이 흔든다

〈
임종 맞이하려고 달려온 여인처럼
피와 눈물이 뒤범벅된 얼굴 눈을 맞추고
두 손으로 얼굴 감싸고
여보, 나야아 나아…!

피범벅 훔치지도, 화내지도
못하는 멍한 사내는 아내 얼굴 보고는
웃다 울다 한다, 그냥

사기詐欺

제 새끼보다 먼저 부화한 갈색머리찌르레기

푸른 멧새는 첫 새끼인 줄 알고 정성 다하니

찌르레기 먼저 자란 덩치로 멧새 새끼 밀어내버린

빈자리 보고도 슬픔보다 찐한 사랑 날개
찌르레기 고이 덮어준다

글과 그림을
바로, 거꾸로 맞춰보지 않고서
멧새, 새끼 너무 커서 좋아서 자랑만 하며
제 새끼 죽임당한 빈자리는 무관심한

손해 보고 파는 거
너는, 할 수 있겠니?

볍씨 한 알 함께 심으면
가을에 낱알 천 개 준다니
한 이삭이 몇 알이나 맺을 수 있는지 왜,

헤아려보지 않나?

일주일에 한 번씩 반드시 일어나는
로또 당첨 기대는 백, 확률은 거의 영
호주머니에서 나온 빈자리 돈으로
춥거나 습한 곳 돕는다는 최면술

야바위

높은 가지 사이로
던져 내려진 별빛 송이들

받아서 낮 동안 쳇바퀴 돌리는 다람쥐
밤 네댓 넣어주고 슬그머니 꺼내 보니

샛별 하늘나라로 떠난
은행장 박 선배의 메모
"하늘 창고 별똥별 재고 정리한다"

주우려는 배낭 꾼들
전용차선 넘친다는 신문
거기서도 읽었는지

운석 대리점권
살 텐가 한다
지난밤 꿈에

선배 아들보다

사업 부도 당한 날
더 사랑한다고

품앗이

자주 만난 사람처럼
시원하게, 환하게, 안녕하세요!
인사 나누고 문장대 오르는

가파른 낌새에 무거워진 호흡으로
걸음걸이가 헐렁거려서
주저앉는데

"조금만 오르면 됩니다!"
내려오면서 끌어 당겨주는 말
할머니 두셋

벌떡 일어나서 올라간 반 시간에 속임 당한
분노로 주저앉는데 또, "조금만 오르면 됩니다!"
손 내밀어서 끌어당기는 네댓

홧김에 올라간 10분 만에
속이는 마음의 진심이 웃음 되어서
할머니도 올랐는데 마술 걸고 개미처럼 문장대 정상 오르니

〈

두 손 번쩍 들고 계곡마다 일제히 일어선 벼랑바위들
하늘에서는 반겨 달려오는 흰 구름과 바람 함께
전원교향곡* 합창 울려 퍼지는 환영식

내려올 때는 그냥, 할머니들같이
"조금만 오르면 됩니다!"

* 베토벤 교향곡 6번.

설명할 수 없는

 씨받이 봉지 심부름하던 바람이
 높은 산 외톨이 가시덤불 무시하다 찢긴 봉지 틈으로
 멀리 뛰어 도망하려다 벼랑바위 정수리에 허리 부딪친
솔 씨 한 톨

 잘생긴 놈, 못생긴 친구들 산기슭 다 차지해 가는 봄마다
 벼랑에서 살아남기 위한 우울 수십 년 등 굽은 난쟁이

 친구는 한 달 한 번 만나는 보름달과 학뿐인데
 셋이 노는 흥이 촬영된 사진이 화보에 실리고
 이젤 꾼들 모여든 날부터 계곡
 채워 해바라기꽃 웃음이 넘친

 동네 입구 점방 팔 공주 할배
 5일 장 선술집에서 술이 떡이 된 한 밤이
 열 달 지나고 밤중 사립문 앞에 놓인 별똥 하나

 동이, 동이 업둥이 천둥이, 어른도 아이도 함부로 불렀지만
 초등학교 졸업하더니 도회지 중학교, 고등학교는 모셔가
서 졸업시키고

대학생 되더니 여름방학, 겨울방학은 검정고시 선생하고
동네 할매들 야학시키고 여러 해 지나서

늙은 누나들 "경축, 김 기발 행정고시 합격" 깃발 내건 점방 마당 잔치
아버지와 천둥이 나란히 웃는 사진 현수막이 사립문 위에서 펄럭이고,
기발이 부부는 그 밤 아버지 사진 걸린 안방에서
더듬어서 오일장 선물 또, 꿈꾸면서 기념식 하는

소크라테스

아침 열고 나오면
온몸으로 넙죽넙죽하는
강아지

퇴근 발걸음 골목 들이밀면 온 마당 넘치는
설레발 대문 열어젖히는 소리 맞춰
먼저 손 살피고 엎은 밥그릇 뒤집는다

산책길 함께 나서면 오가는 내내
밥그릇 닮은 냄새 찾아서 온 길바닥 더듬는다

아내와 건강하게, 재물은 넉넉히
자녀들은 남에게 뒤지지 않게,
하소서! 기도하는 내 모습

닮았다
꼴불견이

궁둥이
얼마나 차버리고 싶었을까!

오래 참으셨네요
하나님

끝날 세상 낌새

돼지 오줌보, 새끼줄 공 차면서
고무줄놀이 치맛자락 들쳐 올리고
고무줄 끊고, 굴러가는 고무공 주워서는 바늘구멍 내어서
한바탕 코피 터지는 일이 있어도 엄마 아빠들은
어릴 적은 그렇게 크는 거야

삽짝마다 금줄이 걸리지 않더니, 아빠
독일로 사우디로 품 팔아서 새끼 대학 보내고
결혼도 시키고 논도 사주고 부자 되라며 공장도 지어 준다

인터넷이 척척 말해주고 로봇이 일을 마무리해 주어서
보릿고개 시간 공유하려 하면
틀딱*이라며 가까이 오지도 않고
오늘날은 오로지 자기들 운이란다

자기 이름으로 등기되어 있다고
논, 고향집, 공장 맘대로 판다
아빠 우선순위는 반려견, 고양이 그리고
캥거루 지나고 한참 후라네
〈

금줄 싫어한다 사촌도, 친척도,
자유로운 혼자가 좋다, 한다
일이든 휴식이든 여행이든

"자신과 돈을 사랑하며, 교만하며, 부모를 거역하며, 감사 아니하며.**"
말씀 기한

* 노인 틀니가 딱딱거리는 소리.

** 디모데후서 3:1-7.

내 몫

공원 벤치에 누워서 쳐다보는
경칩이 다가가는 하늘
너무 파란

봄이 가까이 와서일까
겨울이 떠나기 때문인가

어릴 적 꿈의 발길질로
허해지고 우울해지는 팔순

무얼 남기고 돌아갈까?
다빈치, 아인슈타인, 김용기 장로 같지는 않아도

애썼다, 한마디
파랗게 들을 수 없을까
당신이여!

촌놈답게 순진하고
예수쟁이같이 사랑하고, 감사하고
글쟁이처럼 나아가야 할

발자국 한결같이

봄이 오든, 겨울이야 가던
내일이 오지 않더라도

다만 파란
친절한
한 통 편지

5부

썰물 기도

봄맞이

바람 이랑의 제비꽃, 매화, 민들레, 진달래꽃 향기 윤슬
아지랑이 들녘 한 자 위에서 펼치는 춤사위
낱낱이 날갯깃에 담아서 솟아오른 종달새
하늘에서 재어 놓는 파란 가락

경칩 지난 개구리, 맹꽁이
프러포즈 멜로디

걸으며 나도 노래하고 싶다
첫사랑, 소꿉아내 사랑, 풋사랑
몽땅 더하여서

할멈 손 꼭 잡고서
도라지 타령도, 찬송도 하면서,
동요도 부르면서 해변이든, 숲속이든,
한 열흘

감사 도미노

식탁 모서리 부딪친 가슴 멍이
이튿날, 기침 길 따라서
가슴에서 머릿속까지 줄 못을 박으니

마음껏 기침할 수 있는 사사로움이
문득 신선한 고마움 되는
새로운 선물

눈 뜬 건강한 아침
환하게 인사하는 아내
걸어서 화장실 가고,
세수하고 김 소복소복 아침밥
넘어지면 안 돼! 하는 자녀들
출근하고, 인사하는 카톡방 친구들

감사, 마중물 하여 하루
한 달, 일 년, 마무리되는 날까지

퍼 올려서
비바람 번개 천둥 용서하고

미움 분노 사랑하고
그림자 속을 배려하며
아내와 함께 웃는

숲속 합창 무대

박새, 동박새, 찌르레기, 청설모, 찌찌째째, 찌르지르,
20년 벚나무 몸통에서는 딱따구리 새끼들이 추임새하는
5월 중순 수일여중학교 뒷동산 숲속 합창

6월 중순 쇠딱따구리 가족이 떠나가니
합창 리듬도 썰물 되고 숲속 오솔길은
발자국마다 피톤치드 질퍽대는 펄이다

내년 5월이면
밀물은 돌아오리라

망초꽃, 밤과 도토리, 이파리들은
주위를 잘 가꾼다, 돌아올 합창대원 낯설지 않도록

까치, 까마귀 무리는
소리 마구 질러대며 숲속 윗길
어지럽힌다 청설모도

뻐꾸기 다녀가고
휘파람새 다녀간다

〈
그냥, 지나가는 하루
배웅하고 335일을 기다리는
산

한 표
-제21대 대선

아직 남아있는 한 표
요나가 니느웨 향해 흔드니
백성과 왕이 재 뒤집어쓰고
불쌍히 여기소서
은총을 베푸소서
사용한 한 표

분변하지 못하는 십이만 명과 많은 가축
나라를 살립니다

예수의 피 값을 우리와 우리 자손에게 돌리소서
한 표로 바나바를 살린
이스라엘

세계 그늘로 흩어지더니
은총을 베푸소서
긍휼을 베푸소서, 2천 년
지나서 비로소 돌아온 고향

나의 이 한 표

요나같이 받으소서
하나님이여, 하나님이여,

절대자

지하철 계단 내려올 때
접은 얼굴 양편에 빈손 하나씩, 목발 하나와
동전 몇 잎 달랑이는 스테인리스 그릇 보고서
한 푼도 없는 호주머니 속 멈칫멈칫
들락거린 가면 쓴 손

전동차 좌석 잡고 앉는데
얼굴 바로 하고 한쪽은 목발 다른 쪽은 동전 딸랑이는 그릇
트로트 앞세우고 객차 연결 통로 건너오는데

마침, 객차 깍지 낀 손 뒤틀리는 단말마!
순간 목발 던지고 손잡이 낚아채는 눈동자와
가면 쓴 손의 눈동자가 서로 부딪친다

두 눈의 비밀을 알아챘다면
누굴 욕할까?

억울하지도, 어색하지도 않게
단번에 판결하려면
처음부터 마음의 비밀까지 다 아는 분이

꼭 있어야 하지 않을까

하나님이 계시지
이 땅의 정치꾼이여,

신앙인 적금

살림살이 곤란해도
힘이 들어도 적금한다
내 집 마련과 미래를 위해서

신앙 적금은
과부의 두 렙돈 연보 드리기
목숨 다해 하나님 사랑하기
이웃을 내 몸처럼 서로 사랑하기

원수일지라도
겉옷 달라면 속옷까지 주고
오 리를 가자면 십 리 가려는
대접받기 기대만큼 먼저 대접하는 길은
어둡고 좁지만, 홍해를 건너게 한
하나님 불기둥의 약속

주일예배 때문에 따돌림당하고, 인사 발령 불이익당해도
양치기 다윗이 양 찢으려는 곰, 사자를 넘어뜨린 물맷돌로
골리앗 이기니, 하나님의 약속 신실히 믿은
〈

하나님 예배 꾼 경동제일교회 엄귀현 영수(장로), 마부 불러서
예수 믿으면 하나님이 양반이라도 되게 해주냐!
묻는 왕손˚에게 마부를 더 잘하는 겁죠

하나님 것, 내 몫, 이웃 것
올려드리고, 사용하고, 흘려보내는
섬김

* 승동대감 이재형(1871~1947) 남대문교회, 승동교회 목사.

갈 편지

볼펜 한 자루도 구매처, 단가, 수량 낱낱 현장 맞추고
뚫린 양말 기워 신 듯 재정 지출한 우체국 회계 계장
웅성대는 소리 아랑곳하지 않고 승진 시험 후 상담에서 사무관 시켜라,
정직한 공공기관을 세우리라!
객쩍은 용기라 헛웃음 하니

이 땅에 보내진 은혜 보답할 길
사람들을 옳은 데로 이끌려고
당당하게 목사 길로 돌아선 이종식 친구
예순다섯으로 이승의 막차 탄다는 메시지 받고
천 리 길 마구 달려가서 썰물 되는 손 겨우 잡으니
손바닥 안에 검지로 적은 모스부호
맘결에 옮겨놓은 글

10년 후 코로나19 맞아서 회신한다

코로나19 예배 폐쇄 정책,
형평성 맞춰 목적과 수단이 적절한 종교자유, 제한 말라!
외치며 일 만萬 성도 이 할劃이 대면 예배 쉬지 않아서

일고여덟 번 고발당하고, 교회 폐쇄당하여도
정기예배 쉬지 않은 세계로 교회 손현보 목사와 성도들
믿음의 용기와 하나님 은총 요모조모 또박또박 적은 단풍잎
가을 무지개 우체통에 넣는다

나도, 나머지 신앙 발자국
방향 분명하게 꾹, 꾹 하고서 가겠노라
추신하고서

무한의 경고

물이 잔뜩 감긴 먹구름 태엽
마구 풀린다

속도만큼 바람 일어나니
원심 분리되어 산꼭대기에서 골짜기로
가속도 더하여 바다로 마구 달리는 물방울들

수평선에 튕겨서 파도
해안 향해 펄럭펄럭 되돌아와서
부두 둑 훌쩍 넘는 물 무더기 손

이만하면 어쩔 수 없겠지, 튼튼하게 듬직하게
더 높게 쌓은 축대 벽을 빨랫줄 빨래같이 찢으니
칼집에 칼 꽂힌 채 나뒹굴어진 골리앗 같은 성안

볕살도 며칠간 꼼짝 못 하게 멈춰 세워지고
눈길, 마음 길, 말길의 관자놀이 혈 눌러지니
철 수세미 된 원자로 곳간
〈

유한$_{有限}$이여,
나대지 마라

마무리

봄 할매 아기 점지 통보받은
산수유나무는 미혼 자녀들 마구 쫓아낸다
임신한 계모같이

소문 듣고 찌르레기들 몰려와서 가득 품고
돌아가서 아파트 뜰에, 슬레이트집 창 앞이나
외로운 사람 빈터에 입양시킨 반려 나무

소화불량, 설사 때면 할머니가 달려서
두어 종지 먹게 한 고향 뒷마당 장독대 옆
산수유나무

할아버지 어릴 적부터 그냥 있었다지만
새들이 입양해준 선물이었네

새에게 감사한다
소문 전한 그분에게도

준비한 글쓰기로 사업 실패 사죄하고
실패 원인과 잘못 낱낱 고백하리

〈
한 번뿐인 삶에서 나처럼
어리석은 도전과 실패의 고통 없도록

길동무

한 방향으로 바라볼 수 있으면

말하며 함께 웃고 울고 싶다면

나눌 안타까움이 있으면

괜찮아 그럴 수 있지, 할 수 있으면

아주 멀어도 깜깜한 길 갈 수 있으리, 끝없이

전화와 카톡이 때 없이 자주이어도 받기만 하고
추억 만들기 나누지 않으면
갈래 길 만나서 그냥 잠잠하여 돌아보면
마침 홀로 걷고 있으리

태풍

개미기 체험- 전어, 농어, 숭어, 가오리, 망둥어 잡기

갯벌 체험- 개불, 맛조개, 빛 조개, 홍합, 굴, 해삼 깨기

횟집과 민박집, 펜션에서 버려진
지느러미와 껍데기들이 밀물 썰물에 배설한
메탄가스로 팽팽해진 바다

토사곽란吐瀉癨亂

팽팽한 배설물 다 토해내어
해변, 횟집과 마을 뒤덮고

수평선에 널브러지니
볕살이 다정히 인공호흡 시키고
발장구 시키는

■□ 해설

생명의 조화와 꽃술 깊은 사랑에 대하여

권성훈(문학평론가, 경기대 교수)

> 봄바람에 글 가루 먼저 낚아서
> 모두에게 흐뭇한 꽃, 바램의 향기
> 일품 글 점지받으려고
> - 「3월 낚시질」 전문

1.

시에서 '꽃'은 봄과 함께 미적 세계를 표현하는 대표적인 양식이다. 또한, 서정성을 바탕으로 시어를 생산하는 시인들에게 가장 많이 쓰이는 모티브로 인식되고 있다. 그것은 꽃이 '아름다움'의 대명사이며, 미의 상징으로 고대로부터 전해져 오고 있기 때문이다. 이 같은 꽃의 상상력은 꽃이 가진 강인함과 약함, 상처와 위로 등을 통해 인간의 마음을 뜻하며 전하기도 한다.

게다가 겨울을 지나오면서 피는 꽃은 내면적으로 강인해 보인다고 해서 남성적 상징이 되기도 하고, 표면적으로 부드럽고 연약해 보인다고 해서 여성적 상징이 되기도 한다. 문학적으로는 인간의 심상을 피고 지는 꽃으로 투사하여 보여준다는 점에서 꽃은 생산성과 창조성을 가지고 있다.

　이같이 꽃이 가진 상상력은 "올 올 풀리는/아쉬움과 다행의/씨실 날실"(「짝사랑」)과 같이 복합적이고 다각적인 감수성을 발휘한다. 꽃과 관련한 화소는 다양한 시적 감정 이입이 가능하며 생명에 대한 공감과 이해로 나아가기도 한다. 특히 인간의 마음을 기쁘게도 해주며, 위로해 주면서 상호 의존 관계를 나타낸다는 측면에서 그것은 꽃이 보내는 은유적 감성이 된다. 이런 꽃의 화소는 시어를 통해 만개하듯이 "온몸 흔들며"(「노모의 말」) 존재 내면을 비춰주면서 보여준다. 거기서 우리는 연약해 보이지만 강인함과 함께 끊임없이 생성되는 생명력에 대한 "섬뜩 되살아나는/오랜 기억 하나"(「잊었던 약속」)를 마주하게 된다. 그것은 지워질 수 없는 생명력의 원천으로서 무구한 에너지이자 상상력의 자원이 아닐 수 없다. 시인의 미적 욕구를 충족시키는 생명성을 가진 "줄기, 잎사귀가 바람 마시고 햇살 소화 시킨 열매"(「가을걷이 소묘」)와 같이 존재들의 탄생과 재생을 알려준다. 그러므로 한 송이 꽃이 많은 사람들을 기쁘게 하듯이 한 편

시가 불특정 다수의 사람들을 기쁘게 한다.

　이번 장규환 시인의 시집 『새들 집으로 돌아가는 저물녘』은 꽃같이 발화되는 생명력이 서정성을 동반하면서 행간마다 미적 욕구를 완성하고 있다. 장규환 시편에서 미적 서정성은 세계라는 대지 위에 "낮과 밤이 눈물 속에 얼마나 녹아야!/순도 눈물 한 방울로 흐르는지"(「노모의 말」) 존재 내면의 강함과 약함을 투사하는 정서로 가득 차 있다. 이러한 생명 이미지에 본질적으로 내재한 것은 사랑이며, 사랑을 지키기 위해 더 깊고 더 완전한 시의식을 구축한다. 장규환의 세계와 대상에 대한 열정은 봄이 주는 「4월의 뮤지컬」처럼 "봄비가 산마루 분단장시키고/옹달샘 잠긴 꼭지 여니/폭포가 새 노랫가락 리듬으로 목청 가다듬는" 언어를 통해 곧 더 힘세고, 더 강하고, 더 생기가 넘치는 사랑을 요구하며 거기서 넘쳐나는 생명력을 발견할 수 있다.

　반면 그의 시편에서 언표하는 사랑은 물질적인 영역에서 오지 않는다. 그것은 많이 가진 자가 부자가 아니라 많이 주는 자가 부자인 것처럼. 아무리 많은 것을 가지고 있더라도 그것을 지키려고 하는 자는 부자가 아니라 빈곤한 자와 다를 바 없다. 부자가 자신의 부를 축적하기 위해 온갖 욕망을 동원하여 타인들의 것을 빼앗으려고 할 때 한낱 도적에 불과할 뿐이다. 진정한 부자는 자신의 것을 빈곤한 자에게 내어 준다는 측면에서 사랑이 전제되지 않은 한 실천하지 못한다. 생존을 위협받는 빈곤한 자를 보살핀다는 것은, 또 다른 생명력을 부여하는 사랑으로 "자기 자신을 아낌없이 주고 자기가 가진 가장 소중한 것, 즉 자기의 생명을 아낌없이 준다. 이 말은 반드시 남을 위해 자신의 생명을 희생한다는 뜻은 아니다. 오히려 자기 자신 속에 살아 있는 것을 준다는 것이다."[1] 이런 사랑은 봄꽃과 같이 자신의 향기를 아낌없이 나누면서 서로가 행복해하는 데 있다. 게다가 향기가 사랑 없어지는 것이 아니라 체화되면서 오히려 움트는 생명으로 각인된다는 점이다.

2.

장규환 시에서 생명은 나눔에 있는 사랑으로서 "쓰러진 고목 느티나무 가지 끝까지 잎사귀 피워내고 열매 맺게 하면서 옆구리에는 개미, 버섯, 굼벵이에게 공짜로 집터 내주는"(「내리사랑 무게」) 무게 없는 '침묵'처럼 조용히 생명을 생명으로 풍요롭게 한다. 이를테면 '내리사랑'을 말하는 어머니의 마음처럼 고귀한 사랑을 통해 전해지며 완전한 생명의 "식탁에서 소곤소곤/무지

---

[1] 에리히 프롬, 시사영어사 편집부, 『사랑의 기술』, 와이비엠, 2002, 51쪽.

개 솟아오르는"(「쌘비구름」) 서정의 상태에 도달하게 만든다. 그러므로 최고의 것은 생명이 가진 사랑이며 신의 선물이나 은총과 같이 사랑으로 도달 불가능한 것은, 없다는 것을 보여준다. 다만 사랑이 의지와 인식에 선회하는 것처럼 사랑이 먼저 있고, 그 사랑 안에서 의지와 인식의 가치를 바라보게 한다. 이로써 사랑과 인식, 사랑과 의지의 관계에 대한 올바른 사유를 비춰준다.

> 가지와 잎사귀는 바람의 귀 잡고서
> 온 힘으로 숭어리 휘청거린다
> 더 맑은 공기 차지하고
> 고운 햇살 놓치지 않으려고
>
> 더
> 튼튼하고 멋진 꽃숭어리 지키고 싶어서,
>
> 꽃봉오리는
> 바람보다 빠른 향기로
>
> 벌새, 꿀벌, 나비

초청한다

한번 꽃술 깊은

사랑해 보고 싶어서,

꽃술은 입술 예쁘게 내밀어서

나비, 벌, 벌새가 훔치게 하고서는

얘기 집 출렁거린다

저 닮은

숲, 꽃밭

남기고 싶어서

나머지 삶 발자국

저답게

- 「봄의 길목」 전문

   시인은 봄이 오는 길목에서 제일 먼저 꽃을 발견한다. 이 꽃은 자신의 "가지와 잎사귀는 바람의 귀 잡고서/온 힘으로" 꽃봉오리를 올리고 있다. 게다가 "더 맑은 공기 차지하고/고운 햇살 놓치지 않으려"는 생명성에 대한 동일성을 나타낸다. 여기서 꽃이 "튼튼하고 멋진 꽃숭어리 지키고 싶어"하는 것은 스스로를 보존하기 위한 것이 아니라 타자에 대한 배려차원에서 비롯된다. 이를테면 "바람보다 빠른 향기"를 전파함으로써 "벌새, 꿀벌, 나비" 등을 불러들이기 위함이다. 생명을 위해 생명을 나누는 것으로 꽃은 봄의 활력을 더해 준다는 의미에서 "꽃술 깊은/사랑"이 된다. '꽃술 깊은 사랑'이야말로, 사실상 숲을 이루고 산을 이루고 자연을 이루는 것에 다름 아니다.

꽃술 깊은 사랑은 본질적으로 나눔의 향기로서 생명을 성장하게 하는 사랑이 되며 그 "사랑은 저 닮은/숲, 꽃밭"을 남기기 위해서 세계를 긍정하면서 온다. 여기서 꽃은 인간으로 유입되며 차별 없는 사랑으로 파생되면서 여성적 사랑이든 남성적 사랑이든 완전하고 위대하고 충만한 것으로 발현되는 사랑이 있을 뿐이다. 시인이 보여주는 완전하고 위대하고 충만한 사랑은 순환과 재생하는 영원한 자연으로 시작되고 끝나며 또 그 끝은 시작을 알려준다. 진리를 사랑하는 사람이다. 진리가 존재 가치라면 장규환에게 사랑은 존재 가치를 지향하는 활동이 된다. 그에게 이미 존재 가치가 있는 것을 추구하는 것이 사랑이면서 그 사랑을 "나머지 삶 발자국"에 바치려고 한다. 이로써 사랑은 자신에게 없는 것을, 취득하고 싶어 하는 욕망이 아니라 공동체의 회복을 위하여 쓰인다.

 실바람 오롯한 햇살이
 빨간 맵시, 붉은 맘씨, 빨강 볏
 백 리, 천 리 흥건히 채워 묶은
 꽃술 향기 댕기 풀어서
 살포시 출렁거려
 한소끔 한소끔
 하늘이랑 일으키니
 모여드는 나비와 벌

 고운 맘씨 맏이야,
 시집가야 한다
 혼자는 외로워,
 하나님께 올리는
 기도 이랑
 찬양이랑

-「연꽃」 전문

진흙에서 피는 연꽃은 홀로 피어나는 것 같지만 함께 피어나기 위해 존재한다. 연꽃이 피기까지 "실바람 오롯한 햇살이/빨간 맵시, 붉은 맘씨, 빨강 볏/백 리, 천 리 흥건히 채워 묶은/꽃술 향기 댕기 풀어서" 세계에 현시된다. 또한, 햇살을 맞으면서 향기를 퍼트리는 연꽃에 "모여드는 나비와 벌"은 생명으로 인해 생명을 출산하는 요인이 되는 것으로 세계는 홀로 있는 존재가 없다는 것을 목격하게 한다. 이를 통해 하나의 존재가 완성되기까지는 자신이 가진 외로움을 타자와 나눌 때 외로움에서 벗어날 수 있다. 성경 창세기에서 아담이 "혼자는 외로워" 아내인 '이브'를 통해 출산할 수 있는, 인간이 되었듯이 이 또한 인간의 외로움을 알고 그 외로움을 달래기 위해 신이 인간에게 주신 사랑의 선물인 것이다. 이 시의 연꽃은 "하나님께 올리는" 진실한 '기도'이며 찬양이 아닐 수 없다.

3.

앙상한 가지도 벌거벗긴 겨울
돌아가기는 억울해하지만
가지 않을 수가 없지
봄이 오니

〈

우리도 마찬가지지만

봄 맞을 수 있으니 얼마나 신나는가!

고드름 마음 봄살에 녹이고

3월 학교 입학하는 교복 입어도 보고

모자는 삐딱하게 써도 좋고

친구야, 그때 니 와 그랬노

글쎄, 미안하이

추억 따먹기도 하고

내 니 좋아했데이

어린 날 내외

서로 우스개도 하며

봄, 시절 끌고서 돌아가기 전

한 송이 맘 꽃향기 피워올려야지

너 부족한 건 내 것 채워주면서

카톡 만남 매일 하면서 만나지 못할 이별도

서로 배웅하면서

아직은 살 만하재에

― 「편지 ―3월」 전문

 이 시는 조건 없는 생명을 전파하는 봄을 통해 시들어가고 있는 생명을 뒤돌아보기도 한다. 여기서 생명은 존재하는 것에 있으며 이런 존재는 시간의 유한성을 가진 인간들의 나약한 삶을 위무하기 위해 쓰인다. 특히 공동체라는 이웃 속에서 생명에 대한 동질성을 비추면서 봄의 사랑을 실재하는 존재들의 사랑으로 치환시킨다. 누구나 시간 앞에서 나이를 먹고 질병에 걸리며 "앙상한 가지도 벌거벗긴 겨울"처럼 죽음을 맞이하게 된다. 그것은 "돌아가기는 억울해하지만/가지 않을 수가 없는" 세월을 표상하는 것으로 인간의 숙명을 말해 준다. 시인은 돌아갈 수 없는 시간 앞에서 "우리도 마찬가지지만/봄 맞을 수 있으니 얼마나 신나는가!" 하면서 기억의 회춘을 보여준다.

 이 같은 기억의 회춘은 청소년기라는 인생의 봄날을 통해 귀환하는 추억으로서 "고드름 마음 봄살에 녹이고/3월 학교 입학하는 교복 입어도 보고/모자는 삐딱하게 써도 좋고"로 드러

난다. 이는 현실에서의 좌절과 절망 그리고 분리상태를 극복하여 현실의 억압에서 벗어나려는 의지로 작용한다. 고독과 외로움은 현대사회의 단절을 의미하는 것으로 계절상 겨울에 해당하지만 남은 생애는 "봄, 시절 끝고서 돌아가기 전/한 송이 맘 꽃향기 피워올려야지"라는 다짐이 되는 것이다. 이러한 시인의 다짐은 "너 부족한 건 내 것 채워주면서" 서로를 위로하고 희망을 주는 것으로 '아직은 살 만'한 오늘을 살아가게 하는 생명의 원천이 된다.

    마지막 회가 겨울이라도
    봄으로 미루거나 포기하지 않고
    10년 전 4층 병원 옆 간이 슬레이트 철물점의
    끝내기안타, 눈부신 통유리 13층 건물

    흉내 내지도 않고 들뜨지 않고
    분명한 내 발자국만으로도
    쓰러짐과 일어섬의 기미 볼 수 있도록
    나다운 흔적으로

    잘못 걸음 시간 더 낭비하지 않도록

기도의 응답 집중하고서 먹물 흠뻑

무등산 족제비 털 세필 붓 먹인

헛스윙, 병살타 조심조심,

하얀 종이에 긋는 한 획

환換체體

- 「9회 말」 전문

  이 시에서 '9회 말'은 계절상 '겨울'에 해당하는 것으로 비친다. 야구 경기에서 9회 말이 승패에 있어서 결정적인 요인이 될 수 있듯이 인생 역시도 마지막이 중요하다는 것을 의미한다. 누구에게나 찾아오는 "마지막 회가 겨울이라도/봄으로 미루거나 포기하지 않고" 자신의 인생을 마무리하라는 전언이 이 속에 편철되어 있다. 인생의 종착역에서 있을지라도 누군가의 인생을 "흉내 내지도 않고 들뜨지 않고/분명한 내 발자국만으로도/쓰러짐과 일어섬의 기미 볼 수 있도록/나다운 흔적으로" 살아가기를 바라는 자신과의 약속이 된다. 그렇지만 '나다운 흔적'을 남긴다는 것은 자신의 고유성을 지키는 것으로 녹록지 않은 다짐이 된다.

이것은 시인이 그동안 살아오면서 깨달은 삶의 지혜로서 "잘 못 걸음 시간 더 낭비하지 않도록" 야구 경기에 자신의 인생을 비유하면서 "헛스윙, 병살타 조심조심"이라는 용어를 구사한다. 나아가 이런 자신의 인생을 문학적으로 "하얀 종이에 긋는 한 획"이라는 빛남 속에 기호로서 실체 하는 '사유의 환換체體'를 밝히고 있다.

4.

    공원 벤치에 누워서 쳐다보는
    경칩이 다가가는 하늘
    너무 파란

    봄이 가까이 와서일까
    겨울이 떠나기 때문인가

    어릴 적 꿈의 발길질로
    허해지고 우울해지는 팔순
    〈

무얼 남기고 돌아갈까?

다빈치, 아인슈타인, 김용기 장로 같지는 않아도

애썼다, 한마디

파랗게 들을 수 없을까

당신이여!

촌놈답게 순진하고

예수쟁이같이 사랑하고, 감사하고

글쟁이처럼 나아가야 할

발자국 한결같이

봄이 오든, 겨울이야 가던

내일이 오지 않더라도

다만 파란

친절한

한 통 편지

-「내 몫」 전문

그의 시편은 마지막 순간까지 자신의 삶을 걸고 써 내려간 '사유의 환체'로서 여백을 채우고 있다. 그것은 "허해지고 우울해지는 팔순"에 이르러 "애썼다, 한마디"를 파랗게 물들이며 '당신'에게 하고 싶은 독백이 된다. 그의 인생을 한 문장으로 정지하자면 "촌놈답게 순진하고/예수쟁이같이 사랑하고, 감사하고/글쟁이처럼 나아가야 할/발자국 한결같이" 축약할 수 있다. 그만큼 사랑에 대한 실천을 종교인으로서 감당하며 현재의 자화상을 언어로 형상화하고 있다. 순수한 사랑에 대한 의지가 그의 시편에서 생명의 말씀이 되고 삶 자체가 "봄이 오든, 겨울이야 가던/내일이 오지 않더라도" 감사의 징표가 되는 것이다. 거기에 이런 감사의 기도는 "새벽 시작하여 잠자리까지/사사롭게 하소서/한결같이"(「반려자 기도」) 새벽부터 잠들기까지 이어지고 있다.

이같이 팔순을 넘긴 그가 시편마다 남겨놓은 발자국은 모든 생명은 소중하며 그 생명마다 고귀한 사랑의 자질을 나누어 가진 존재가 된다. 그러므로 그의 시편은 「봄맞이」하는 "바람 이랑의 제비꽃, 매화, 민들레, 진달래꽃 향기 윤슬/아지랑이 들녘 한 자 위에서 펼치는 춤사위/낱낱이 날개짓에 담아서 솟아오른 종달새/하늘에서 재어 놓는 파란 가락"이라는 모든 존재하는 것들에 대한 기도가 된다. 이로써 장규환 시인이 보여주는 이번 시집은 존재에 대한 사랑을 근원적으로 신이 주신 축복으로서 회답하고 있다. 그것도 시들지 않은 '파란 언약'에 감사하며 '생명의 조화'를 시어로 직조하면서 '꽃술 깊은 사랑'을 파고들게 만든다.